# BEI GRIN MACHT SICH IHR WISSEN BEZAHLT

AF144635

- Wir veröffentlichen Ihre Hausarbeit,
  Bachelor- und Masterarbeit

- Ihr eigenes eBook und Buch -
  weltweit in allen wichtigen Shops

- Verdienen Sie an jedem Verkauf

## Jetzt bei www.GRIN.com hochladen und kostenlos publizieren

**Bibliografische Information der Deutschen Nationalbibliothek:**

Die Deutsche Bibliothek verzeichnet diese Publikation in der Deutschen National-
bibliografie; detaillierte bibliografische Daten sind im Internet über http://dnb.d-
nb.de/ abrufbar.

**Impressum:**

Copyright © 2005 GRIN Verlag, Open Publishing GmbH
Druck und Bindung: Books on Demand GmbH, Norderstedt Germany
ISBN: 978-3-668-13950-3

**Dieses Buch bei GRIN:**

http://www.grin.com/de/e-book/282556/kundenorientierung-kundenzufriedenheit-
und-kundenbindung-ein-ueberblick

**Doreen Grittner**

# Kundenorientierung, Kundenzufriedenheit und Kundenbindung: Ein Überblick

GRIN Verlag

# Kundenorientierung, Kundenzufriedenheit und Kundenbindung: Ein Überblick

Doreen Grittner

# Inhaltsverzeichnis

# 1. Einleitung

Ziel dieser Arbeit ist es, einen Überblick zu verschaffen über die Begriffe, Bedeutung, Instrumente und Zusammenhänge der Kundenorientierung, Kundenzufriedenheit und Kundenbindung. Es geht um die Begriffs-bestimmungen, Arten, Ziele und Zusammenhänge von Kundenorientierung, Kundenzufriedenheit und Kundenbindung.

# 2. Kundenorientierung

Die Kundenorientierung hat in den letzten Jahren zunehmend an Bedeutung gewonnen. Der Begriff wird heutzutage von vielen Spitzenmanagern gerne bei der Formulierung ihrer unternehmerischen Strategien und Ziele als Schlagwort verwendet. Hier entsteht Klärungsbedarf was genau darunter zu verstehen ist. Deswegen wird im folgenden Punkt der Begriff Kundenorientierung definiert.

## 2.1 Definition

„Kundenorientierung ist die umfassende, kontinuierliche Ermittlung und Analyse der Kundenerwartungen sowie deren interne und externe Umsetzung in unternehmerische Leistungen sowie Interaktionen mit dem Ziel, langfristig stabile und ökonomisch vorteilhafte Kundenbeziehungen zu etablieren".[1]

Das vorrangige Ziel der Kundenorientierung ist also die Erfüllung des speziellen Kundennutzens bzw. der Erwartungen des Kunden und nicht die Schaffung eines generellen Wettbewerbvorteils. Sie ist durch eine verknüpfte Beziehung der zwei Komponenten – Kunden und Unternehmen – gekennzeichnet. Oft wird die Kundenorientierung mit der sog. Markt-orientierung auf einer Stufe gleichgestellt bzw. werden kaum Unterschiede gemacht. Die Marktorientierung hingegen muss in einen erweiterten Kontext betrachtet werden, der nicht nur die „Ausrichtung des Unternehmens auf die aktuellen Kunden" beinhaltet, sondern auf diverse „Marktteilnehmer, die mit

---

[1] Bruhn, M. (1999): Kundenorientierung – Bausteine eines exzellenten Unternehmens, München, S. 10

dem entsprechenden Unternehmen in direkten oder indirekten Kontakt stehen". Die Kundenorientierung ist somit nur ein Teilbereich der Marktorientierung, dessen vordergründiges Ziel es ist, beständige Wettbewerbsvorteile aufzubauen, um die Konkurrenzfähigkeit dauerhaft zu sichern.[2]

Wichtige Handlungsfelder der Kundenorientierung sind Qualität, die durch Controlling-Methoden nachgewiesen werden kann, Effektivität, die eine Segmentierung und Bildung von Kundengruppen bedingt und die Individualisierung, die ein Maß für die Effizienz im Unternehmen gegenüber dem Kunden ist.[3]

## 2.2 Kundenorientierung als zentrales Prinzip des Marketings

„Kundenorientierung ist einer der zentralen Schlüsselfaktoren des Beziehungsmarketing und damit des Unternehmenserfolges".[4] Die starke Orientierung auf die Bedürfnisse und Wünsche der Konsumenten ist zwar auf die Veränderungen der Märkte zurückzuführen, aber auch auf Faktoren wie der technologische Fortschritt, ein hohes Sättigungsniveau durch die zunehmende Produktvielfalt oder auch die Globalisierung. Diese führten dazu, Wettbewerbsvorteile der Unternehmen aufzubauen und eine Kundenbindung am Unternehmen zu erzielen. Wichtige unternehmerische Aufgaben sind u.a. das „Erkennen und rechtzeitige Reagieren auf Marktveränderungen", die dem Marketing als Unternehmensfunktionen zugeordnet werden können. Aus diesem Grund besteht ein enger Zusammenhang zwischen den Komponenten Marketing und Kunden-orientierung, die man in vielen Begrifferklärungen finden kann. So auch in der Definition von Manfred Bruhn: „Marketing ist eine unternehmerische Denkhaltung. Sie konkretisiert sich in der Analyse, Umsetzung, Kontrolle..., die durch eine Ausrichtung der Unternehmensleistungen am Kundenutzen

---

[2] vgl. Bruhn, M. (2003): Kundenorientierung – Bausteine für ein exzellentes CRM, Beck Wirtschaftsberater im dtv, 2. Auflage, S. 10
[3] vgl. Internet: http://www.intares.net/webstatistik_kundenorientierung.html, 11.03.2005
[4] Vahlens Großes Marketinglexikon (2001) – Herausgegeben von Hermann Diller 2. Auflage, Verlag C.H. Beck / Verlag Vahlen, S. 870

in Sinne einer konsequenten Kundenorientierung darauf abzielen, absatzmarktorientierte Ziele zu erreichen".[5]

Die Veränderungen der wirtschaftlichen und wettbewerblichen Rahmenbedingungen in den vergangenen Jahrzehnten, welche die Unternehmen durchlaufen mussten, haben das heutige Marketingverständnis geprägt.[6] Auch die Forderung nach Kundenorientierung fand schon seit den 50er Jahren Eingang in das Marketing.[7]

## 2.3 Kundenorientierung mit System – das CUSTOR-System

Viele Unternehmen haben die Steigerung der Kundenorientierung als eine strategische Notwendigkeit erkannt. Häufig bleibt es aber bei gelegentlichen Aktionen zur Messung der Kundenzufriedenheit. Ergebnisse dieser Untersuchungen werden nicht weiter verfolgt und bleiben wirkungslos. Mit dem CUSTOR-System wird Managern und Verantwortlichen in Marketing und Vertrieb ein modular aufgebauter Handlungsleitfaden gegeben. Es werden nicht nur Methoden zur Analyse des Kundenverhaltens und zur Messung der Kundenzufriedenheit dargestellt, sondern auch Ansatzpunkte und praktisch erprobte Verfahren. Diese können zur Verbesserung der Leistungskomponenten des Unternehmens, zur Optimierung des Kundenportfolios und zur kundenorientierten Neugestaltung der Organisation, der Personalführung und Unternehmenskultur eingesetzt werden. Das sog. Customer Orientation System (CUSTOR-System) ist eine integrierte Lehrweise, die zur Steigerung von Kundenorientierung ausführlich beitragen soll. Es besteht aus einem „breiten Spektrum moderner und leistungsfähiger Methoden in dem Bereich Messung und Management von Kundenzufriedenheit und Kundenorientierung". Ein wichtiges Prinzip des CUSTOR-Systems ist zum Bsp. die Betrachtung der Kundenorientierung eines Unternehmens als „Management-Herausforderung", aber der marktforscherische Aspekt bleibt eher im Hintergrund stehen. Das System kann in allen Branchen angewendet werden und reicht vom Verständnis der Kunden, über Methoden der kundenorientierten Geschäftsleitung, bis hin zu

---

[5] Bruhn, M. (2002): Marketing. Grundlagen für Studium und Praxis, 6. Aufl., Wiesbaden, S. 14
[6] vgl. Bruhn, M. (2003): a.a.O., S. 2 – 3
[7] vgl. Vahlens Großes Marketinglexikon (2001): a.a.O., S. 870

Verfahren des Kundenbindungsmanagements. Das System ist in drei Stufen gegliedert. Ausgangspunkt eines Programms zur Steigerung der Kundenorientierung bzw. der Kundenzufriedenheit und Kundenbindung sollte die Erhöhung des Verständnisses der Konsumenten sein. Es werden sowohl die Bedürfnisse von bestehenden sowie ehemaligen Kunden als auch von Nichtkunden betrachtet. In der zweiten Stufe des CUSTOR-Systems kommt es auf eine quantitative Messung der Kundenzufriedenheit und Kundenbindung an, für die es zur Betrachtung zwei verschiedene Ansätze gibt. Bei merkmalsbezogenen Ansätzen (Produkte, Service oder Interaktionen) wird die Meinung von Konsumenten erfragt, die sich im Laufe der Zeit bei ihnen gebildet hat. Ereignisbezogene Aussagen konzentrieren sich auf nur ein als wichtig empfundenes Kundenkontaktereignis (Anruf). Im dritten Teil folgen Maßnahmen zur Verbesserung der Leistung, des Kundenmanagements und die Analyse/Umsetzung der Ergebnisse in der kundenorientierten Unternehmensführung. Speziell durch diese Phase wird die Managementorientierung des CUSTOR-Systems erreicht. Die grundlegenden Ansatzpunkte zur Erhöhung der Kundenorientierung liegen im Bereich der Geschäftsleitung. Die Organisation, Personalführung und die Unternehmenskultur sind sehr kritische Handlungsfelder. Das primäre Ziel des CUSTOR-Systems ist die Unterstützung der Unternehmensführung bei der Erhöhung der Kundenorientierung und daraus folgt eine Umgestaltung des Betriebes in Bezug auf die erhaltenen Ergebnisse durch das System.[8]

Der Abschnitt hat gezeigt, dass Kundenorientierung nicht einfach zu realisieren ist, auch nicht mit einer speziellen Lehrweise, wie das CUSTOR-System. Die Kundenorientierung hat mit systematischer Messung von Kundenzufriedenheit und Kundenbindung, mit dem Managen der Kundenstruktur, mit der Unternehmensorganisation sowie der Unternehmenskultur zu tun. Diese ist ein „Ansatz zur Erreichung profitablen Wachstums, das auf einer immer besseren Durchdringung der Geschäftsbeziehung mit dem Kunden basiert". Die Orientierung an Kunden

---

[8] vgl. Homburg, Ch. / Werner, H. (1998): Kundenorientierung mit System – mit Customer Orientation Management zu profitablen Wachstum, Campus Verlag, S. 21 – 27

ist nicht nur eine unternehmerische Herauforderung, sondern auch eine gesellschaftliche Aufgabe. Als stärkstes Ziel des Handelns muss hervorgehen für wen ein Unternehmen überhaupt Leistungen erbringt und was die Bedürfnisse der zu untersuchenden Zielgruppe sind.[9]

## 3. Kundenzufriedenheit

Bei den zunehmenden Sättigungserscheinungen des Marktes, der wachsenden Anzahl wechselseitiger Konsumenten und des immer stärker werdenden Wettbewerbes stellt sich für viele Unternehmen die Überlebensfrage und der Kunde wird als Marktpartner wieder entdeckt. Die Kundenzufriedenheit gilt als Grundplattform des langfristigen Unternehmenserfolges und somit als „fundamentales Ziel der Marketingpolitik".[10] So ist es zu erklären, dass die zufriedenen Kunden als zentraler Faktor des Unternehmenserfolges herausgestellt werden koennen.[11] Das Konstrukt der Kundenzufriedenheit nimmt eine zentrale Stellung in der marktorientierten Geschäftsleitung ein. Sie gilt als eine der wichtigsten Determinanten des Konsumentenverhaltens und der Markenloyalität. Sie dient als „Indikator für die Qualität von Kundenbindungsmaßnahmen und Qualitätsmanagement".[12] Um den Begriff zu verstehen, wird in dem folgenden Punkt das Wort Kundenzufriedenheit definiert und genauer untersucht.

---

[9] vgl. Homburg, Ch. / Werner, H: a.a.O., S. 232 – 233
[10] vgl. Lingenfelder, M.; Schneider, W. (2/1991): Die Kundenzufriedenheit. Bedeutung, Messkonzept und empirische Befunde, in: Marketing ZFP, S. 109
[11] vgl. Schneider, W. (2000): Kundenzufriedenheit – Strategie, Messung, Management, mi-Verlag, S. 9
[12] Internet: http://de.wikipedia.org/wiki/Kundenzufriedenheit, 14.06.2005

## 3.1 Definition

„Kundenzufriedenheit ist das Ergebnis psychischen Vorgangs, bei dem der Kunde zwischen dem wahrgenommenen Leistungsniveau eines Unternehmens (= Ist-Leistung) und einem wie auch immer gearteten Standard, in der Regel seinen Erwartungen (= Soll-Leistung), vergleicht".[13] Werden die Erwartungen des Kunden an das Unternehmen erfüllt, stellt sich Zufriedenheit ein und man spricht dann von „Konfirmation".[14] Stellt der Verbraucher zu hohe Erwartungen an ein Produkt oder einer Dienstleistung, wird Unzufriedenheit hervorgerufen und der Kunde ist enttäuscht. Dann befindet er sich im „Zustand der negativen Diskonfirmation". Es kann aber auch an dem Unternehmen liegen, welches eine zu geringe Leistung gegenüber dem Kunden hervorbringt oder an einer Kombination aus beiden Faktoren, die unzufriedene Konsumenten hervorruft. Wenn ein Anbieter die Erwartungen übermäßig übertroffen hat, kann man von einer Kundenbegeisterung sprechen[15] oder auch von einer „positiven Diskonfirmation".[16] Der Anteil zufriedener Konsumenten macht nach Aussagen von Studien den entscheidenden Unterschied zwischen erfolgreichen und weniger erfolgreichen Unternehmen aus.[17] Es kommt erst bei eindeutigem Übertreffen der Erwartungen zu einer fortschreitenden Steigerung der Kundenzufriedenheit.

In der folgenden Abbildung (Abb. 1) sind die drei Möglichkeiten der Kundenzufriedenheit dargestellt. Wie man erkennen kann, vergleichen die Kunden ihre subjektiven Wahrnehmungen nach dem Kauf eines Produktes bzw. der Inanspruchnahme einer Dienstleistung mit den Erwartungen, die vor der Kaufentscheidung existieren.[18]

---

[13] Schneider, W. (2000): a.a.O., S. 23
[14] Internet: wikipedia a.a.O., 14.06.2005
[15] Schneider, W. (2000): a.a.O., S. 23
[16] Internet: wikipedia a,a.O., 14.06.2005
[17] vgl. Schneider, W. (2000): a.a.O., S. 23
[18] vgl. Bruhn, M. (2003): a.a.O., S. 23

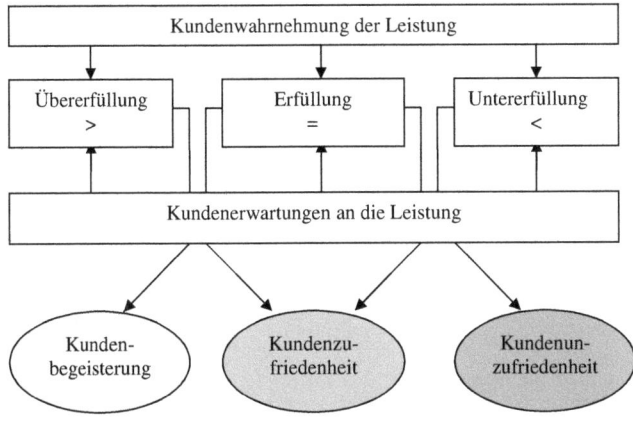

Abb. 1: Konstrukt der Kundenzufriedenheit (Quelle: Homburg et al. 2000b, S.85)

Es kommt zu einer Erfüllung, Untererfüllung oder Übererfüllung der Erwartungen der Konsumenten, wenn eine Gegenüberstellung zwischen dem Erwarteten und der persönlich wahrgenommenen Leistung des Anbieters stattfindet. Die Wirkung des Vergleiches ist ein bestimmter Level der Zufriedenheit bzw. Unzufriedenheit von Kunden.[19] Dem Verkäufer werden durch hohe Kundenzufriedenheit u.a. „Erweiterung der Zielgruppe, Entwicklung der Preispolitik, Optimierung der Produktpolitik oder kostengünstige Werbung für das angebotene Produkt" ermöglicht.[20]

**3.2 Die fünf Dimensionen der (Un-)Zufriedenheit**

Das sog. PROSAT-Modell, welches 1995 von Herrn Rapp entwickelt wurde, ist speziell auf das Konstrukt der Kundenzufriedenheit übertragen worden. Die Leistung eines Anbieters kann in fünf Dimensionen unterteilt werden und wird im Folgenden auf verschiedene Unterkategorien aufgespalten. Zu den Faktoren die Kunden(un)zufriedenheit auslösen zählen: Servicequalität, Persönliche Beziehungsqualität, Preiswahrnehmung, Reputationsqualität und die Technische Produktqualität (vgl. Abb. 2).

---

[19] vgl. Homburg, Ch. (2002): Kundenzufriedenheit. Konzepte - Methoden - Erfahrungen, 4. Aufl., Wiesbaden, S. 85
[20] Internet: wikipedia a.a.O, 14.06.2005

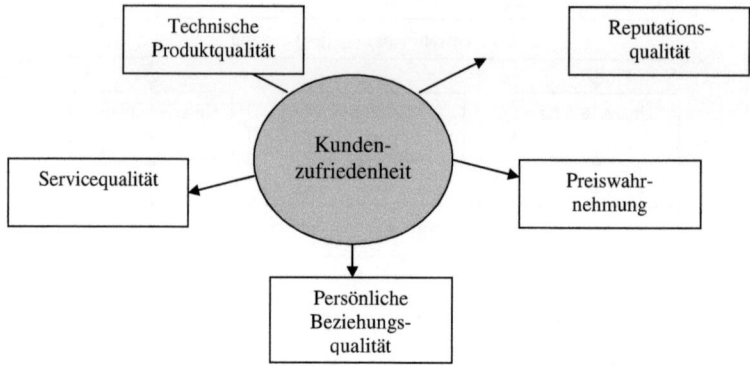

Abb. 2: Die fünf Dimensionen der (Un-)Zufriedenheit – das Prosatmodell[21]

Die Servicequalität setzt sich aus Zuverlässigkeit, Reaktionsbereitschaft, Sicherheit, Mitgefühl der Mitarbeiter und dem Erscheinungsbild von Gebäuden oder technischen Anlagen zusammen. Die Reputationsqualität ist die persönliche Einstellung des Konsumenten zum Produkt, DL oder Unternehmen und „basiert auf Wettbewerbsfähigkeit, Kompetenz, Solidität, Image eines Unternehmens sowie dem Markenwert seiner Produkte". Die Preiswahrnehmung unterteilt sich in die Faktoren: „Preis, Rabatte, Zahlungsmodalitäten und Preisänderungen". Die persönliche Beziehungs-qualität setzt sich aus der „persönlichen Kommunikation, der Verkaufs-kompetenz, dem Verhalten der Mitarbeiter im Falle von Konflikten und der Beziehungsatmosphäre" zusammen. Zu der Technischen Produktqualität gehören: „Leistung, Zuverlässigkeit, subjektive Nutzbarkeitsdauer, Design, Sicherheit und Umweltfreundlichkeit eines Produktes bzw. einer Dienstleitung".[22] Wenn die erwarteten bzw. wahrgenommenen Leistungen des Konsumenten erfüllt oder aber nicht erfüllt werden, stellt sich entweder Zufriedenheit/Begeisterung oder Unzufriedenheit ein. In der folgenden Abbildung (Abb. 3) kann man die möglichen Reaktionen der Kunden auf (Un)-Zufriedenheit nachvollziehen.

---

[21] vgl. Schneider, W.(2000): a.a.O., S. 24 – 25
[22] vgl. Schneider, W. (2000): a.a.O., S. 24 – 25

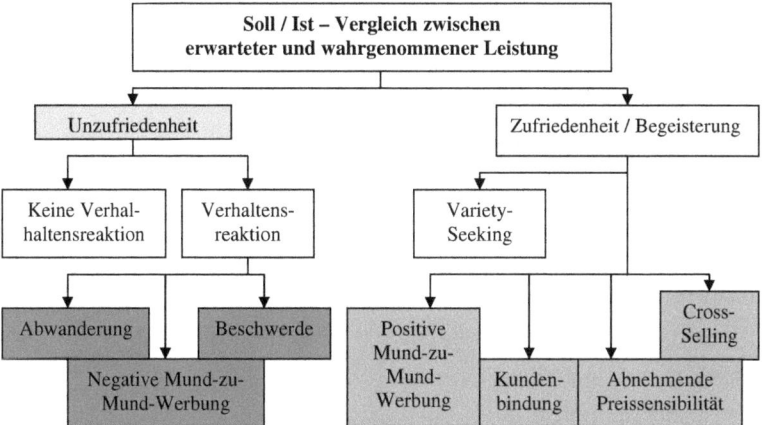

Abb. 3: Kundenreaktionen auf (Un-)Zufriedenheit nach Schneider, W., S. 45

## 4. Kundenbindung

Durch die Wandlung des Marktes von einer transaktionsorientierten zu einer beziehungsorientierten Sichtweise, haben sich auch die marktorientierten Zielsetzungen vieler Unternehmen geändert. Im Mittelpunkt steht heute die langfristige Bindung der vorhandenen Konsumenten und nicht wie vor einigen Jahren die Gewinnung neuer Kunden. Der entscheidende Anlass für diese Veränderung ist die Erkenntnis, dass durch planmäßige und konsequente Kundenbindung der Erfolg eines Unternehmens eindeutig gesteigert werden kann.[23] Um eine genauere Vorstellung von dem Begriff Kundenbindung zu bekommen, wird im folgenden Punkt dieser definiert und seine verschiedenen Arten dargestellt.

### 4.1 Definition und Arten der Kundenbindung

Es gibt zwei Sichtwinkel aus denen Kundenbindung betrachtet werden kann. Einmal gibt es die „Kundenbindung als gezielte Aktivität eines Anbieters Kunden an das Unternehmen zu binden" und dann die „Kundenbindung als Bereitschaft des Kunden bei einem bestimmten

[23] vgl. Bruhn, M. (2003): a.a.O., S.103

Anbieter Folgekäufe zu tätigen".[24] Im ersten Fall umfasst Kundenbindung „sämtliche Maßnahmen eines Unternehmens, die darauf abzielen, sowohl die bisherigen Verhaltensweisen als auch die zukünftigen Verhaltensabsichten eines Verbrauchers gegenüber einem Anbieter oder dessen Leistungen positiv zu gestalten, um die Beziehung zu diesem Kunden für die Zukunft zu stabilisieren beziehungsweise auszuweiten".[25] Im zweiten Fall ist die Loyalität oder Treue des Kunden gegenüber dem Unternehmen gemeint, die dazu führt, dass er dessen Angebote den Angeboten anderer Unternehmen vorzieht. Entscheidend ist hierfür die Dauerhaftigkeit der Bindung.[26] Loyalität bedeutet, dass die Kundenbindung auch noch zusätzlich emotionale Parameter enthält. Diese stellen einen sog. Mehrwert dar, den man messen kann.[27] Kundenbindung hat den Zweck Kosten zu sparen, indem Stammkunden gehalten werden. Sie hat das Ziel den Kunden zum Wiederkauf zu bewegen und somit eine Beziehung zum Unternehmen aufzubauen.[28] Die Bedeutung der Kundenbindung, auch Kundentreue oder –loyalität genannt, erfolgt aus ihrer ökonomischen Bedeutsamkeit. Gelingt es einem Betrieb seine Konsumenten zu binden, können sich Marktanteil und Umsätze bei gleichzeitiger Kostenreduktion erhöhen und dadurch steigern sich die Gewinne. Das Ziel eines Unternehmens muss daher sein, seine Kunden zu langfristigen und profitablen Partnern zu machen.[29] Eine Kundenbindung bezieht sich nicht nur auf ein Unternehmen, sondern auch ein Produkt, eine Marke/Hersteller oder eine Bezugsperson können Bezugsobjekte sein. Eine Kundenbindung kann auf vier verschiedene Arten hergestellt werden. Dazu zählen die Emotionale -, die Ökonomische -, die Vertragliche -und die Technisch-funktionale Kundenbindung.[30] Die Emotionale Kundenbindung „ist die wichtigste und sicherste Methode, Kunden an ein Unternehmen zu binden" und beständig zu halten. Umso stärker die Gefühle der Verbraucher

---

[24] vgl. Kenzelmann, P. (2003): Kundenbindung – Kunden begeistern und nachhaltig binden; Pocket Business, Cornelsen Verlag Berlin, S. 20
[25] Meyer/Oevermann (1995): zit. nach Bruhn/Homburg, (1999): Handbuch Kundenbindungsmanagement, S. 8
[26] vgl. Kenzelmann, P.: a.a.O., S. 20
[27] vgl. Internet: www.intares.net/webstatistik/webstatistik_kundenbindung.html, 11.03.2005
[28] vgl. Kenzelmann, P.: a.a.O., S. 20
[29] vgl. Oggenfuß, Ch. W.(6/1992): Retention Marketing, in: Thexis, S. 25
[30] vgl. Kenzelmann, P.: a.a.O., S. 24 – 25

sind, die sie mit einem Unternehmen verbinden, desto schmerzloser werden sie gegenüber möglichen Wechselanreizen sein. Um Kunden individuell einzubinden und entsprechende Gemütsbewegungen auszulösen, sind vor allem „dialogorientierte Kommunikationsinstrumente" geeignet. Dazu zählen Kundenclubs, Events oder Internetauftritte. Die Ökonomische Kundenbindung existiert dann, „wenn für den Kunden ein Wechsel der Geschäftsbeziehung ökonomisch unattraktiv ist". In dem Fall erscheinen dem Konsumenten die Wechselkosten höher als der dadurch denkbare Vorteil. Sobald der Kunde nur wegen des Preises bei einem Betrieb kauft, ist es möglich, dass dieser sofort das Unternehmen wechselt, wenn ein anderer Anbieter für ihn einen Preisvorteil realisieren kann. Ein günstiger Preis allein reicht deshalb für eine beständige Kundenbindung nicht aus. Die vertragliche Kundenbindung kommt nur durch rechtliche notwendige Abmachungen bzw. Verträge zustande. Dazu zählen Serviceverträge, Mitgliedsverträge oder Abnahmevereinbarungen. Bei der technisch-funktionalen Kundenbindung wird der Konsument mehr oder weniger gezwungen, im Falle von Zusatzleistungen das gleiche Unternehmen in Gebrauch zu nehmen, welches auch die Ausgangsleistung erbracht hat. Hierzu zählen zum Bsp. Spezialwerkstätten in der die Elektronik eines Autos kontrolliert werden muss.[31]

## 4.2 Kaufphasen der Kundenbindung

Die Kundenbindung besteht aus der Vorkaufphase, Kaufphase, Nachkauf- und Nutzungsphase und der Wiederkaufphase. Dieser Sachverhalt ist in der Abbildung 4 schematisch dargestellt:

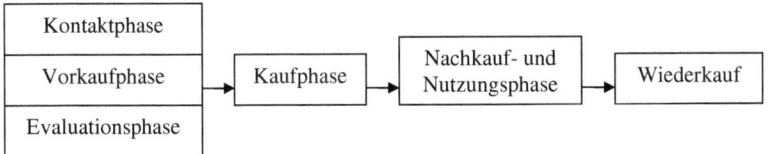

Abb. 4 Die Kaufphasen der Kundenbindung (Schema selbst erarbeitet)

---

[31] vgl. Kenzelmann, P.: a.a.O., S. 25 – 26

Die Vorkaufphase besteht aus der Kontaktphase und der Evaluationsphase. In der Kontaktphase tritt der Kunde das erste Mal mit dem Unternehmen in Verbindung. In dieser Phase ist er meist vorsichtig oder misstrauisch. Am wichtigsten für Mitarbeiter eines Betriebes ist es, in dieser Situation auf drei Punkte ganz besonders zu achten: Freundlichkeit, Hilfsbereitschaft und Schnelligkeit.[32] In der Evaluationsphase informieren sich Verbraucher im Vorfeld über Möglichkeiten, die das Unternehmen ihnen bieten kann. Wichtig ist nicht was das Produkt kann oder woraus die Dienstleistung besteht, sondern was der Kunde für einen Nutzen daraus zieht. Deswegen muss ein Unternehmen speziell den Nutzen und das USP (Unique Selling Proposition), die Einzigartigkeit des Leistungsangebotes herausstellen, um den Verbraucher anzulocken und neugierig zu machen. In der Kaufphase kommt es darauf an, dass die Verkäufer oder Berater dem Abnehmer nicht nur Erklärungen liefern, sondern ihm das Produkt oder die Dienstleistung direkt verkaufen. „Viele Kunden empfinden beim Kauf ein Glücksgefühl, welches nach kurzer Zeit in Kaufreue umschlagen kann". Es ist wichtig, wenn der Konsument bei der Kaufentscheidung bestätigt wird um dadurch die Kaufreue zu verhindern. In der Nachkauf- und Nutzungsphase muss herausgefunden werden, wie zufrieden der Kunde mit dem gekauften Produkt ist. Dafür sind Kundenbefragungen besonders gut geeignet. Man erfährt einerseits wie (un)zufrieden die Verbraucher mit dem Produkt oder der Dienstleistung sind, andererseits wird der Kontakt zwischen Unternehmen und Kunde aufrechterhalten. Möglicherweise ist das der Weg für einen Folgekauf. Die Wiederkaufphase ist das Ziel der Kundenbindung. Der Kunde kommt erneut und der Kaufzyklus beginnt von neuem. Der Betrieb kennt den wiederholten Käufer schon und es ist einfacher mit ihm in Kontakt zu treten.

Ein Unternehmen darf sich bei den Marketingüberlegungen nicht nur auf eine Phase fixieren, sondern alle Phasen müssen durchdacht und beachtet werden.[33]

---

[32] vgl. Kenzelmann, P.: a.a.O., S. 16 – 17
[33] vgl. Kenzelmann, P.: a.a.O., S. 17

## 5. Zusammenhänge zwischen Kundenorientierung, Kunden-zufriedenheit und Kundenbindung

Nachdem in den vorherigen Punkten die Begriffe Kundenorientierung, Kundenzufriedenheit und Kundenbindung definiert bzw. untersucht wurden, kann man verstehen, wie wichtig diese drei Bestandteile für das Marketingmanagement sind. Da sie bisher nur im Einzelnen betrachtet wurden, ist es an der Zeit, die Zusammenhänge zwischen diesen Komponenten kurz darzustellen. Die Kundenorientierung hat das vordergründige Ziel, den individuellen Kundenwunsch bzw. die Erwartung des Kunden zu erfüllen und nicht einen allgemeinen Wettbewerbsvorteil zu erhalten.[34] Die Kundenzufriedenheit ist das Resultat eines psychischen Vorgangs, bei dem der Verbraucher zwischen dem wahrgenommenen Leistungsniveau eines Unternehmens (= Ist-Leistung) und seinen Erwartungen (= Soll-Leistung) vergleicht. Bei Unzufriedenheit werden diese Erwartungen verfehlt.[35] Die Kundenbindung ist Ausdruck einer unterschiedlichen Austauschbarkeit möglicher Lieferanten aus der Sicht des Käufers. Die Bindung an einem bestimmten Betrieb kann sich auf die angegebene Technologie, auf ein Produkt, auf einer Dienstleistung oder auf das gesamte Unternehmen beziehen. Das Ziel der Kundenbindung ist das Wiederkaufverhalten eines Kunden.[36] Kundenbindung wird primär hervorgerufen, indem die Erwartungen der Abnehmer durch ein kundenorientiertes Angebot erfüllt werden und dieser mit den gewünschten Leistungen zufrieden ist. Sekundär auch durch die Einführung verschiedener Kundenbindungsinstrumente, wie Kundenkarten oder Kundenclubs. Daraus resultiert ein positiver Zusammenhang zwischen Kundenorientierung und Kundenzufriedenheit. Kundenzufriedenheit beschreibt dabei das Ergebnis eines komplexen Informationsverarbeitungs-prozesses, welches in Zufriedenheit oder Unzufriedenheit von Konsumenten ausgedrückt wird. Werden die Erwartungen sogar übertroffen, kann

---

[34] vgl. Bruhn, M. (2003): a.a.O., S. 12
[35] vgl. Schneider, W.(2000): a.a.O., S. 39
[36] vgl. Vahlens Marketing Lexikon a.a.O., S. 847

Kundenloyalität entstehen. Somit ist die Kundenzufriedenheit ein entscheidender Faktor für die Entstehung von Kundenbindung.[37]
In den folgenden Abbildungen (Abb. 5) kann man zwei verschiedene Kurvenverläufe der Beziehung Kundenzufriedenheit -> Kundenbindung erkennen. Viele Wissenschaftler streiten sich darüber, wie nun die Verknüpfung am besten darzustellen ist. *Meyer/ Dornbach (2001)* sind sich einig, dass die Beziehung nur in einem progressiven Zusammenhang dargestellt werden kann. *Müller/ Riesenbeck (1991)* bestehen auf einen sattelförmigen Zusammenhang.

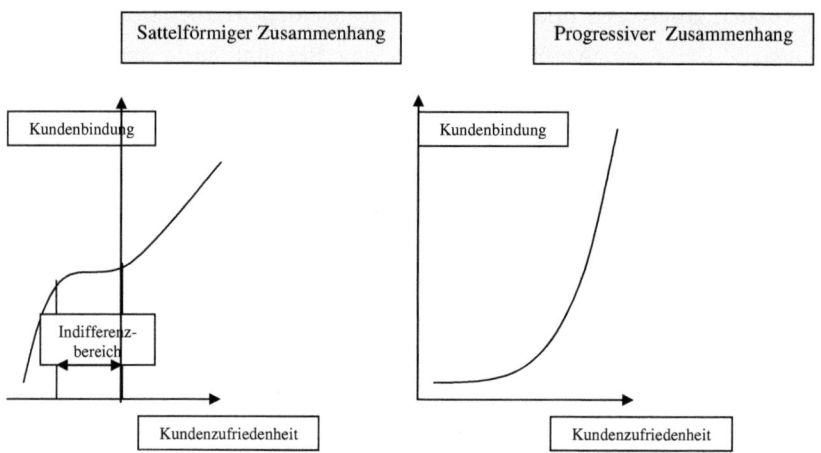

Abb. 5 Zusammenhang zwischen Kundenzufriedenheit und Kundenbindung (Quelle: *Homburg* et al. 2000 b, S.85)

In beiden Darstellungen kann man erkennen, dass je höher das Zufriedenheitsniveau einer Zielgruppe ist, umso besser kann die Kundenbindung durch Maßnahmen erzielt werden.[38]
Kundenzufriedenheit führt zu Kundenbindung und bildet Markteintritts-barrieren gegenüber der Konkurrenz. Dadurch, dass die Neukunden-gewinnung deutlich kostenintensiver ist als die Pflege von Stammkunden, sind die Kundenzufriedenheit und die Kundenbindung unmittelbar

---

[37] vgl. Bruhn, M. (2003): a.a.O., S. 106 – 107
[38] vgl. Bruhn, M. (2003): a.a.O., S. 106 – 107

erfolgswirksam. Die Grundlage aller Anstrengungen der Unternehmen muss jedoch eine verstärkte Kundenorientierung bzw. –nähe sein. Aus diesem Sachverhalt kann in Verbindung mit der Kundenzufriedenheit die Kundenbindung resultieren.[39]

## 6.  Zusammenfassung

Im Rahmen der abschließenden Betrachtung lässt sich zusammenfassen, dass die Kundenorientierung, Kundenzufriedenheit und Kundenbindung eigenständige Bestandteile des Marketingmanagements sind. Sie weisen jedoch eine enge Zusammengehörigkeit, in Bezug auf das Wesen, die Zielsetzung und des gesamten Handelns, auf. Bedingt durch die heutige Marktsituation haben es Unternehmen zunehmend schwerer, sich gegen Konkurrenten durchzusetzen und dauerhaft erfolgreich zu sein. Deswegen wird den meisten Betrieben so langsam die wichtige Bedeutung der Kundenorientierung bewusst.

Mehr zu diesem Thema finden Sie in „Wie man Kunden bindet. Zusammenhänge von Kundenorientierung, Kundenzufriedenheit und Kundenbindung" von Doreen Grittner, ISBN: 978-3-638-52393-6
http://www.grin.com/de/e-book/58110/

---

[39] vgl. Scharioth, J. (10/1991): Welche Qualität gewinnt?, in: asw, Sondernummer, S. 12

# 7. Quellenangaben

**Literaturverzeichnis**

Bruhn, Manfred (1999): Kundenorientierung – Bausteine eines exzellenten Unternehmens, München; S. 10

Bruhn, M. (2002): Marketing. Grundlagen für Studium und Praxis, 6. Aufl., Wiesbaden; S. 14

Bruhn, M. (2003): Kundenorientierung – Bausteine für ein exzellentes CRM, Beck Wirtschaftsberater im dtv, 2. Auflage; S. 2 – 7, S. 10 – 12, S. 23 – 28, S. 71 – 73, S. 80, S. 103 – 107, S. 117 – 118, S. 123 – 142

Bruhn, Manfred/Homburg, Christian (Hrsg.) (1998a): Handbuch Kundenbindungsmanagement: Grundlagen – Konzepte - Erfahrungen, Wiesbaden; S. 9

Butscher, Stephan (1998):, Kundenbindungsprogramme & Kundenclubs, Ettlingen, S. 49 ff

Diller, H. (1997): Was leisten Kundenclubs?, in: Marketing ZFP, Heft 1, 1. Quartal; S.33

Donnelly, Harrison (1994): Jumping into Database Marketing, in: Stores, December 1994, S. 37

Eckert, S. (1994): Rentabilitätssteigerung durch Kundenbindung am Bsp. eines Buchclubs, Diss., St. Gallen; S. 247

Holz, Stefan/Tomczak, Torsten (1996): Kundenclubs als Kundenbindungsinstrument-Hinweise zur Entwicklung erfolgreicher Clubkonzepte, St. Gallen, S. 9

Homburg, Ch. / Werner, H. (1998): Kundenorientierung mit System – mit Customer Orientation Management zu profitablen Wachstum, Campus Verlag; S. 21 – 27, S. 232 – 233

Homburg, Christian (2002): Kundenzufriedenheit. Konzepte - Methoden Erfahrungen, 4. Aufl., Wiesbaden; S. 85

Kenzelmann, Peter (2003): Kundenbindung – Kunden begeistern und nachhaltig binden; Pocket Business, Cornelsen Verlag Berlin; S. 9 – 11, S. 16 – 17, S. 20, S. 24 – 26, S. 104 – 108

Lingenfelder, M.; Schneider, W. (2/1991): Die Kundenzufriedenheit. Bedeutung, Messkonzept und empirische Befunde, in: Marketing ZFP; S. 109

Meffert, Heribert (1999): Marktorientierte Unternehmensführung im Wandel, Gabler Verlag; S. 249

Meffert, H./Wagner, H./Backhaus K. (1994): Beziehungsmarketing - neue Wege zur Kundenbindung; S. 1

Meyer, Anton/Oevermann, Dirk (1995): Kundenbindung, in: Diller, Hermann (1995): Handwörterbuch des Marketing, Stuttgart, S. 1344

Meyer, A./Oevermann, D. (1995): zit. nach Bruhn/Homburg, (1999): Handbuch Kundenbindungsmanagement; S. 8

Mohme, Joachim (1993): Der Einsatz von Kundenkarten im Einzelhandel, Frankfurt/Main; S. 22

Müller, Wolfgang/Riesenbeck, Hans Joachim (1991): Wie aus zufriedenen Kunden auch anhängliche Kunden werden, in: HARVARDmanager (1991), Nr. 3; S. 68

Oggenfuß, Ch. W.(6/1992): Retention Marketing, in: Thexis; S. 25

Peter, S.I. (1997): Kundenbindung als Marketingziel: Identifikation und Analyse zentraler Determinanten, Wiesbaden; S. 1 – 4

Poggenpohl, Marcus (1991): Kundenkarteninformationen als Instrument der Verbundanalyse im Einzelhandel, Arbeitspapier Nr. 40, Münster; S. 10

Reeg-Muller, A. (1999): Service Wegweiser Erfolgsstrategien zur Kundenbindung, Bonn; S. 7

Scharioth, J. (10/1991): Welche Qualität gewinnt?, in: asw, Sondernummer; S. 12

Schneider, Willy (2000): Kundenzufriedenheit – Strategie, Messung, Management, mi-Verlag; S. 9, S. 13 – 14, S. 17, S. 23 – 25 , S. 39

Schweiger, W. (1992): Der Monitor treibt die Marketing-Maschine, in: asw, Sondernummer 10; S. 138

Seidel, W./Stauss, B. (1995): Beschwerdemanagement Personalpolitische Konsequenzen für DLU, in: Qualität und Zuverlässigkeit: QZ; Qualitätsmanagement in Industrie und DL, Band 40, Heft 8; S. 915 ff

Tomczak, T; Müller, F.(6/1992): Kommunikation als zentraler Erfolgsfaktor der strategischen Markenführung, in: Thexis, S. 22

Vahlens Großes Marketinglexikon (2001) – Herausgegeben von Hermann Diller 2. Auflage, Verlag C.H.Beck /Verlag Vahlen; S. 870, S. 847

Wienke, Wolfgang/Koke, Dorothee (1994): Cards & Clubs: Der Kundenclub als Dialogmarketinginstrument, Düsseldorf, Wien, New York, Moskau; S. 28

Wilkie, William L. (1994): Consumer Behavior, 3. Auflage; S.11 ff

**Internetverzeichnis**

http://www.intares.net/webstatistik_kundenorientierung.html; 11.03.2005

http://www.intares.net/webstatistik/webstatistik_kundenbindung.html; 11.03.2005

http://www.mcgrip.de/0-web/wissen/beschaffungsmarketing/01-1-beschaffungsprobleme; 11.03.2005

http://adyton.phil.uni-erlangen.de/economics/bwl/lehrbuch/hstkap2/kuzufr/kuzufr.htm; 01.04.2005

http://www.cas.de/Produkte/genesisWorld/CRM_Trends.asp; 13.06.2005

http://de.wikipedia.org/wiki/Kundenzufriedenheit; 14.06.2005

http://handwerk.com/rubriken/management/marketing/kundentreue/marketing-loyality.htm; 18.07.2005